忍辱膑足
——孙膑

吉林出版集团有限责任公司
吉林文史出版社

◎ 主编 金开诚

◎ 编著 管宝超

图书在版编目（CIP）数据

忍辱膑足——孙膑 / 管宝超编著 . 一长春：吉林
出版集团有限责任公司，2011.4（2022.1重印）
ISBN 978-7-5463-5050-9

Ⅰ.①忍… Ⅱ.①管… Ⅲ.①孙膑－生平事迹 Ⅳ.
① K825.2

中国版本图书馆 CIP 数据核字（2011）第 053487 号

忍辱膑足——孙膑

RENEU BINZU SUNBIN

主编/ 金开诚 编著/管宝超

项目负责/崔博华 责任编辑/崔博华 邱 荷

责任校对/邱 荷 装帧设计/李岩冰 徐国萍

出版发行/吉林文史出版社 吉林出版集团有限责任公司

地址/长春市人民大街4646号 邮编/130021

电话/0431-86037503 传真/0431-86037589

印刷/三河市金兆印刷装订有限公司

版次/2011 年 4 月第 1 版 2022 年 1 月第 5 次印刷

开本/640mm×920mm 1/16

印张/9 字数/30千

书号/ISBN 978-7-5463-5050-9

定价/34.80元

前　言

　　文化是一种社会现象，是人类物质文明和精神文明有机融合的产物；同时又是一种历史现象，是社会的历史沉积。当今世界，随着经济全球化进程的加快，人们也越来越重视本民族的文化。我们只有加强对本民族文化的继承和创新，才能更好地弘扬民族精神，增强民族凝聚力。历史经验告诉我们，任何一个民族要想屹立于世界民族之林，必须具有自尊、自信、自强的民族意识。文化是维系一个民族生存和发展的强大动力。一个民族的存在依赖文化，文化的解体就是一个民族的消亡。

　　随着我国综合国力的日益强大，广大民众对重塑民族自尊心和自豪感的愿望日益迫切。作为民族大家庭中的一员，将源远流长、博大精深的中国文化继承并传播给广大群众，特别是青年一代，是我们出版人义不容辞的责任。

　　本套丛书是由吉林文史出版社和吉林出版集团有限责任公司组织国内知名专家学者编写的一套旨在传播中华五千年优秀传统文化，提高全民文化修养的大型知识读本。该书在深入挖掘和整理中华优秀传统文化成果的同时，结合社会发展，注入了时代精神。书中优美生动的文字、简明通俗的语言、图文并茂的形式，把中国文化中的物态文化、制度文化、行为文化、精神文化等知识要点全面展示给读者。点点滴滴的文化知识仿佛颗颗繁星，组成了灿烂辉煌的中国文化的天穹。

　　希望本书能为弘扬中华五千年优秀传统文化、增强各民族团结、构建社会主义和谐社会尽一份绵薄之力，也坚信我们的中华民族一定能够早日实现伟大复兴！

目录

一、兵学世家

孙膑是我国战国时期出现的一位身残志坚、独步千古的著名军事家。他是兵圣孙武的后代子孙，因受奸人所害，膝盖骨被剔掉，造成了终身残废，所以被人们称为孙膑。后来孙膑逃回齐国担任齐国的军师。在齐、魏争雄的过程中，他指挥齐军取得桂陵之战、马陵之战两次大捷，使齐国成为东方强国。他在作战中运用避实击虚、攻其必救的原则，创造了著

名的围魏救赵战法，为古往今来兵家所效法。

在救韩破魏之后，孙膑没有接受齐王的封赏，而是急流勇退，隐居山林，埋头著述，写出了千古不朽的军事著作《孙膑兵法》，总结和反映了战国前期和中期的战争经验，继承和发展了《孙子兵法》的军事思想，具有鲜明的时代特色，给后世留下了宝贵的军事理论遗产。

孙膑的一生，历经坎坷，但他没有向命运低头，没有被不幸打倒，他身残志坚，凭借坚强的意志和超人的毅力，成就了正常人难以成就的功业，成为后来人效法的楷模。

（一）兵圣后裔

在中国军事史上，孙膑与孙武被后人并称为"孙子"。汉代的大史学家司马迁在《史记·孙子吴起列传》中说："孙武既死，后百余岁有孙膑。膑生阿、鄄之间，膑亦孙武之后世子孙也。"毫无疑问，孙膑是兵圣孙武的后世子孙，出生于齐国的阿、鄄一带。学者们认为，他的主要生活年代约在公元前380年到公元前320年之间，大体在吴起之后，与商鞅、孟子同时。他原来叫什么名字，后人已无从知道。只是因为他曾受过膑刑（剜掉膝盖骨），所以史书上才称他为孙膑。

孙膑生活在风云激荡、除旧布新、造就英雄的时代，生长于兵学王国齐国，又出生于一个声名显赫的兵学世家，有着代代相传的"家学"。所谓"家学"，就是家族内代

代相传的专门学问。古代教育不发达，知识的传播途径很少，主要方式只能是"子承父业"。孙家的家学就是兵学。

据史载，孙膑的先祖是上古帝舜。周武王灭商，封帝舜的后代于陈。公元前672年，陈国发生内乱，陈厉公的公子陈完为避祸举家东迁，定居于齐国，得到诸侯霸主齐桓公的重用，子孙在齐国世代为官，并改姓田氏。春秋后期，陈完的后代田书伐莒有功，被齐景公赐姓孙氏，兵圣孙武即为将军田书的嫡孙。后来，孙武逃难到南方的吴国，曾受吴王阖闾的重用，参与制定"疲楚误楚"的战略，在指挥吴军大破楚国后归隐山林。

不久，

吴国为越国所灭亡，孙武的子孙中，一部分又返回齐国。这其中就有孙膑的先人。

孙膑就生活在这样一个家学源远流长的"兵学世家"。他的祖先陈完、田书、孙武均是齐国历史上声名显赫的人物。在这样的家庭环境中，孙膑耳濡目染、潜移默化，并直接得到父亲孙明和伯父孙驰、叔叔孙敌等先辈们的言传身教，从而走进了军事学的神圣殿堂。少年时代的孙膑生活孤苦，因为社会动荡不安，

孙家颠沛流离，几经迁徙，所谓的"名门大族"也徒有虚名。到了孙膑出生时，他们家再也不是什么大贵族，在政治上也没什么势力，只能僻居边境一带。司马迁说其"生阿、鄄之间"，已经透露出这一信息。阿，即今山东阳谷东北的阿城镇，是当时齐国边防要地；鄄，在今山东鄄城北，也是古代著名的军事重镇。当时没有黄河相隔，是连成一片的齐国西南边境地区，属于落后的乡野之地。战国初年的齐国国力不强，一度沦为周边各诸侯欺负的对象，如魏、赵、韩、燕等国就常常进攻齐国。孙膑的家乡处于边境前线，孙膑自少饱受战乱之苦，他深深地感到，残酷的战争同国家的安危、人民的生活、个人的命运息息相关，也加深了他对战争问题的认识。孙膑立志继承祖业，研习兵学，像先人那样做一个纵横驰骋于疆场的大英雄，以正义战争杜绝不义战争，实现天下的和平与安宁。

（二）青年才俊

孙膑尤其景仰他的祖辈孙武。孙武早年也曾历经坎坷，为了逃避战乱和齐国政坛险恶的政治斗争、党派倾轧，他辗转南下，历尽千辛万苦到了吴国，以求在这个蒸蒸日上的国度一展自己的抱负。吴王阖闾上台后，"善为兵法，辟隐深居，世人莫知其能"的孙武在好友伍子胥的鼎力推荐下，终于脱颖而出，走上了风云变幻的历史舞台。他将自己呕心沥血撰写的《十三篇》（即《孙子兵法》）献给吴王，并以"吴宫教战"的方式证明了自己的统兵御将之才，从而得到了吴王的赏识，被任命为将军，担当起军国重任。上任后，孙武为吴王制定和执行了"疲楚误楚"的战略方针，并亲自指挥吴军进行上千里的战略迂回，对楚国实施深远距离的战略突袭，并在柏举（今湖北汉川，一说今湖北麻城）同楚军进行战略决战，给楚军以致命的打击，取得决定性会战的胜利。柏举之战后，吴军在孙武等人的指挥下，又及时乘胜直捣楚国国都郢都（今湖北江陵），并攻克郢都，取得了对楚战争的辉煌胜利，从而彻底改变了整个春秋晚期的战略格局，使吴国从一个东南小国一跃而成为霸主。

经过这场战争，孙武作为伟大的军事家名震天下，《十三篇》中的战略战术思想，如"兵者诡道""兵以诈立""上兵伐谋""避实击虚""因敌制胜""制人而不制于人""奇正相生""示形动敌""造势任势""知彼知己，百战不殆"等等，均在战争实践中得到了出神入化、淋漓尽致的发挥和运用。《十三篇》这部不朽的兵学名著也成为用兵者的教科书。先祖的伟业和博大精深的军事理论成为孙膑效法的楷模。

定下目标后，孙膑开始学习"六艺"，即礼（礼仪）、乐（音乐）、射（射箭）、御（驾车）、书（识字）、数（计算），其中他对"射""御"两项尤其感兴趣。于是，不管刮风下雨，也不管天寒地冻，他都毫不懈怠，终于练就了强健的体魄、坚忍的意志力和高超的武艺。另一方面，孙膑清楚，单凭这些还不足以成为大将之才，要实现自己的理想，最为关键的还是要认

真学习军事典籍，从前人的智慧中汲取营养，提高自身的军事理论素养。孙家是兵学世家，家中保存了不少兵书战策，孙膑就如饥似渴地研习阅读，尤其是对齐国的《太公兵法》《管子》等兵书，已经烂熟于心。他本来天资聪颖、卓尔不群，加上能够虚心请教，又勤于思考，很快便打下了坚实的军事理论基础。

但这种学习毕竟局限于家庭，属于自学性质，缺乏与外界的交流和沟通。正好当时社会上"游学"风气盛行，所谓"游学"，即离开本乡到外地或外国求学，以增长阅历、切磋学问。孙膑感到要进一步提高自己的军事理论水平，就不应该做井底之蛙，而应该去"游学"，到外面的广阔世界闯荡一番，从而拜访各路高人，开阔眼界，结交师友，切磋研习兵法的心得，会通各家学说，使自己的兵学造诣更上一层楼。当时已是战国中期，中原地区七雄并立，征战频繁，天下纷扰，各诸侯

国为了在残酷的兼并战争中图生存、求
发展，都在不拘一格地招揽人才，孙膑也
想借此机会考察天下形势，印证自己
的战略思想，并寻找发挥自己聪
明才智的机遇与舞台，从而建
功立业、大展宏图。主意已
定，他开始到处打听哪里
有兵学名家。不久，他听
说魏国有一位号称"鬼
谷子"的兵学大师，此人
是一位富于传奇色彩的
当世高人，对兵学有深邃
的理解，孙膑立即告别
亲友，踏上了远游投师之
路。

（三）学艺鬼谷

孙膑要拜投的鬼谷先生本是
楚国人。相传，他是一位"其人姓名不可

得知"的隐者，隐居于一个叫做"鬼谷"的地方教授门徒，又不愿透露姓名、身世，其故里籍贯就鲜为人知了。鬼谷先生虽不争名于朝、不争利于市，但因为他是纵横家的开山鼻祖，同时又是当时最著名的谋略家、思想家，所以前来投奔门下拜师求学者络绎不绝。

孙膑离开家乡后，不顾路途劳顿，日夜兼程，很快进入魏国国境，来到鬼谷山下。这鬼谷山面对一条清溪，背靠高峰，青山飞瀑，奇峰异岩，颇有一些神秘色彩，有着震撼人心的吸引力。看到鬼谷山近在咫尺，想到很快就可以见到隐居于世外的兵学大师，孙膑心里说不出的高兴，他三步并作两步，翻山过涧，汗流浃背地来到了鬼谷先生讲学授徒的鬼谷洞。他先叩头参拜鬼谷先生，然后说明来意，并将自己在齐国稷下学宫讲授古代兵法的姨夫任宏的一封亲笔信呈上。原来，出发之前，孙膑就听说鬼谷先生不轻易收徒弟，他早就知道任宏与鬼谷先生是世交，两人友情深厚，所以恳求他予以推荐。

鬼谷子先生看完来信，半眯着的双眼一下子炯炯有神，他一把扶起孙膑，满面笑容地说："你原来是孙武子的后人，孙武子才是真正的兵学大师，他的《十三篇》虽然只有短短五千多字，却囊括了兵学的所有奥妙，乃经天纬地之作，精通它，就精通了治国安邦的文韬武略，就可以为帝王之师、千军之将。现在兵圣的后人也立志学习研究兵法，真是后继有人，大快我心！你快快请起，你这个徒弟我收了！以后咱们一块儿研习切磋。"

孙膑没想到投师如此顺利，也没想到鬼谷先生对他的先祖和先祖的

《十三篇》评价如此之高，更没想到鬼谷先生对他这个弟子这么器重。从此，他追随鬼谷先生左右，日以继夜，心无旁骛，系统学习兵法。鬼谷先生知道孙膑在兵学方面已经有了一定根底，于是采取教学相长的办法，先让孙膑对以前学过的兵法如《神农兵法》《黄帝兵法》《太公兵法》《军志》《军政》《司马法》《管子》加以温习领悟，然后考查他理解的情况，予以点拨启发，并重点向孙膑传授孙武的《十三篇》。两人还一起体悟，交流心得。接着，教以战阵之道，讲解五阵、八阵等排兵布阵的方法和道理，使孙膑所学兵法能够在实际运用中融会贯通。最后，鬼谷先生还向孙膑传授了纵横之学。这门学问讲的是如何权谋奇变、揣摩变诈、纵横捭阖之术，其精神与兵学有着深刻的内在联系。

鬼谷先生尽己所能全心全意的教导，使孙膑这位得意门生的军事理论水平突飞猛进。鬼谷先生经过考查，认为孙膑的兵学造诣已达上乘，他庆幸在耄耋之年，上天给他送来了这样一位可造之才。教出这样一位学生，兵圣孙武的兵学得以后继有人，自己一生所学有了传人，自己的抱负有了寄托，已死而无憾了。而孙膑也觉得，经过鬼谷先生的教导，自己的确已经更上一层楼，他庆幸自己师从鬼谷先生的机缘，他感叹，上天真是博爱，对他如此关照，使自己如此幸运！他决心不负厚望，细细体悟兵学的精髓和奥秘，干出一番事业来。

二、误入陷阱

（一）孙膑下山

　　然而，自古英雄多磨难，"天将降大任于斯人也，必先苦其心志，劳其筋骨，饿其体肤，空乏其身，行拂乱其所为，所以动心忍性，增益其所不能"。孙膑学成兵法，正待在这战国风云时代大显身手，不料一场惨祸从天而降。原来，孙膑在跟随鬼谷先生研习兵法时，有一位同窗好友叫庞涓。庞涓来自魏国，孙膑来自齐国，虽然他们两人的祖国国界相连，在地缘战略上是对手，长期以来兵戎相见，战火不熄，但这丝毫不影响孙庞二人的感情。孙膑比较内向，不苟言笑，忠厚朴实，天资聪颖，好学上进；庞涓张扬外露，脑子灵活。两人志趣相投，都对兵法如痴如醉，也都想学成之后干出一番事业。于是性格迥异的两位兵学天才朝夕相处，关系融洽，情同手足。他们一起研读兵法，讨论切磋，互相启发。转眼几年过去了，经过鬼谷子的精心调教，孙膑、庞涓两人的军事素养和韬略都大有长进。某天，庞涓突然向鬼谷子、孙膑师徒告别，说要下山去，因为自己的祖国魏国这几年国力蒸蒸日上，确立了图霸中原的战略目标，现在正是需要军事人才的时候，魏惠王也正在招贤纳士，自己是学习和研究军事的，应该为魏国的强盛贡献自己的聪明才智，并在争霸战争的实践中

检验所学军事理论。临别，庞涓依依不舍地对孙膑说："我们不仅是同窗，而且情同兄弟，我一旦受到重用，一定向国君郑重地举荐你，咱们一起叱咤疆场，共建大功，休戚与共，同享富贵。"孙膑自然深表谢意，嘱咐他多加保重，但对于自己，他感到兵学宝库太博大精深了，自己刚刚登堂入室，所以继续留在山上深造。

其实，庞涓做出下山的决定是经过深思熟虑的。所谓"君子坦荡荡，小人长戚戚"。在与孙膑同窗共读的日子里，庞

涓发现做事不爱张扬的孙膑，无论是资质、才学，还是对兵学精义的理解和掌握，都远远在他之上。他想，如果两人日后一块下山，说不准孙膑身上的光环会将自己罩住，那时自己将不得不屈居孙膑之下，永远没有出头之日。想到将来，庞涓常常夜不能寐，他是外表坦荡而肚量狭小、功名心极强的人，相信"学得文武术，售于帝王家"的人生格言，他暗中下定决心，无论如何也要超过孙膑。

于是，他决定抢先下山，凭着鬼谷子弟子这块金字招牌，凭着自己一身本事，抢先踏上仕途，抢先成名，做一个千军之将。当时的魏国处于国力强盛阶段，魏惠王自迁都大梁以来，雄心勃勃。为了继承和光大魏文侯、魏武侯的霸业，他急需能征善战的大将之才，率领魏军四处征讨。但吴起、尉缭以后，魏国的将才每况愈下，人才匮乏。尤其是曾经为魏国建立霸主地位立下汗马功劳的将军尉缭，因受到丞相惠施的挤对，愤而离开魏国，投奔到敌国秦国效力去了。惠王正为此事忧心忡忡，这时庞涓来到了大梁。魏惠王听说鬼谷子的高足来投奔，不禁喜出望外，加上相国王错在一边大力推荐，魏惠王立即任命庞涓为大将军。

庞涓当上了将军后，练兵有方，指挥有道，率军出征卫、宋等国，皆大获全胜；东方的大国齐国的军队一度进犯魏国，也被庞涓指挥的大军打了个落花流水。一时间，小国胆寒，大国心惊，庞涓成为魏国的头号军事人物，名满中原。魏惠王得到庞涓这样的将军，高兴自不待言。他想，要是多几个庞涓这样的天下豪杰，何愁不能永远称霸中原、统一天下呢。所以，当他听说庞涓还有一个叫孙膑的同窗才智不在庞涓之下时，便立即命庞涓写信，请孙膑下山到魏国来建功立业。魏惠王迫不及待要得到孙膑的样子，使庞涓心中暗暗掠过一丝不快。庞涓

对孙膑太了解了，自己的军事才能远远不及孙膑，一旦听任孙膑这一兵学奇才来到魏国，求贤若渴的魏惠王必然对其加以重用，那么自己的地位岂不动摇了? 庞涓左思右想，真是不知如何是好。不派人去请，那是违抗国君的命令; 去请又将对自己不利。孙膑早晚要下山，如果孙膑来到魏国，一定会妨碍自己的声誉和地位; 如果去了别的国家，日后在战场上相见，自己绝不是孙膑的对手。庞涓想，只有走一步算一步，待孙膑来到魏国后，再想办法收拾他，一劳永逸地解除后顾之忧，自己在魏国毕竟已经站稳了脚跟，收拾孙膑这个无名之辈，倒也算不了什么难事。于是，他对魏惠王表面应承，派人拿了自己的亲笔信前往鬼谷山去请孙膑。

一天，正在山上攻读兵书的孙膑，接到庞涓差人送来的一封信。庞涓信上先是叙述了在魏国受到的礼待和重用。然后又说，他已向魏惠王极力推荐了师兄的盖世才能，魏惠王已答应请师兄来魏国就任将军之职。孙膑看了来信，为自己有这样一位重情义的朋友而感动，想到自己就要有大显身手的机会了，于是赶快向鬼谷先生说明情况，泣别恩师，赶赴大梁。

（二）惨遭横祸

孙膑与师父分别后，便来到了魏国。故友相见，庞涓自是热情周到，他命将军府大摆筵席，盛情款待，把孙膑安顿在自

己的家中，待为上宾。但好多天过去了，庞涓就是不提带师兄去晋见魏惠王的事。庞涓不提此事，孙膑自然也不便多问，只好耐心等待。他下山是要干一番事业的，在将军府中无所事事，真是度日如年。

原来，庞涓已决定不把孙膑推荐给魏惠王，而是将他控制起来，留在将军府中做个幕僚，利用孙膑的才能为自己效劳。久而久之，魏惠王听说了孙膑，知道他有将才，有心重用他，但又被庞涓阻挠。庞涓对魏惠王说，孙膑是齐国人，心向齐国，不可能对魏国忠诚，如果他跑到齐国去，对魏国将产生很大的危害。像孙膑这样的人才，杀了可惜，留下是祸害，不如施以刑罚，变成残废，让他既死不了，又跑不掉，只好死心塌地为魏国服务。这样，就可以防患于未然，做到万无一失。

　　魏惠王对庞涓的提议不置可否。庞涓判断，魏惠王之所以没有表态，一则可能对自己的话不相信，毕竟在孙膑被请下山后，魏惠王还一直没有见过孙膑；第二个原因可能是魏国正在用人之际，魏惠王爱惜人才，不忍心对孙膑处以刑罚。庞涓寝食不安，日夜思考着对策。庞涓想，为了自己的地位、名声，只好无毒不丈夫了。可以让人告他里通外国之罪，对其施以膑刑（剔去膝盖骨的一种刑罚），使其永远不能站起来，看他还怎么当将军！按当时各国的法律，受过刑的残疾人从此再也不能进入官场。这样，孙膑纵有天大的本事，也难以和自己较量，并且将永无出头之日了。主意已定，他立刻叫来手下

心腹，让他们捏造孙膑的罪名，将孙膑告到官府。

庞涓，这个威风凛凛的魏国大将军，这位驰骋疆场为国家立下汗马功劳的名将，因为妒火中烧，容不下才智高于他的孙膑，他开始无情地向一个曾与自己有着手足之情的兄弟下毒手。从此，同窗成了敌人。

一天，在将军府闲得难受的孙膑，从庞涓的藏书中找到了一本兵书，正读得入神，忽然屋外传来一阵吵嚷声，他还没有弄清是怎么回事，就已被闯进屋子的兵士捆绑起来，推推搡搡带到一个地方。那里一个当官模样的人，立即宣布孙膑犯有私通齐国之罪，自己奉了魏惠王之命对其施以膑足、黥面（用刀在额头和脸颊上刺刻，再涂上墨，使其丑陋不堪）之刑。孙膑被这突如其来的事情惊呆了，随即省悟过来，连连为自己辩白。然而，一切都晚了，那些如狼似虎的兵士七手八脚扒去

孙膑的衣裤，拔刀剜去了孙膑的两个膝盖骨，并在他的脸上刺上犯罪的标志。疼痛难忍的孙膑昏倒在血泊之中。

（三）佯狂脱险

孙膑无故遭此大难，心中有说不出的悲愤。想到自己的理想、抱负和前途，一切已经付之东流，他觉得真不如一死了之。这时，庞涓虚情假意地来看望他，说自己带兵在外，也不知道哪个没良心的做了这陷害人的事，回去后一定严加追查，还师兄一个清白。庞涓还宽慰孙膑

说："事已至此，师兄要是还想当个驰骋
疆场的将军恐怕有点难了，还望师兄想开
些，发挥自己的专长。最好的办法是，仍
然在我的将军府中任职，一方面为我出
兵征战当好参谋，另一方面最好将你这
些年研习兵法的心得以及鬼谷先生单独
传授于你的兵法写下来。有了事干就容
易打发时光。我作为师弟，一定派人照料
好师兄的生活。"

　　孙膑本来就对庞涓迟迟不带自己晋
见魏惠王的事疑信参半，这时庞涓提出
要他传授其兵法，孙膑才猛然醒悟，陷
害他的凶手不是别人，正是自己的师弟
庞涓，他为才发现庞涓的险恶用心而痛
心疾首。原来庞涓信中所说的所谓封官

许愿、师兄弟共建大业等等，无不包藏
祸心，是早已安排好的圈套，真是用尽心
机。不过，孙膑心中也清楚，在魏国，庞
涓当权一日，自己就别想有出头之日。而
且，如果照着庞涓说的办，庞涓一旦认为

他孙膑没了利用价值，说不定就不会像这一次仅仅是膑刑和黥刑了，而会要了他的命。

想明白之后，孙膑觉得自己不能死，死得不明不白，不如坚强地活下去。他想起了历史上许多大英雄，像周文王、晋文公、齐桓公、越王勾践，这些贵为一国之君的人，也都受过挫折磨难，但他们并不因为挫折而轻易放弃自己的追求，而是发愤自强，身处逆境却百折不挠，最终干出了一番惊天动地的事业来。苦难和悲剧往往是成就英雄的代价，所以，自己要接受命运的挑战。

虽然庞涓已将孙膑变成了残疾人，但并没有放松对孙膑的监视。孙膑认为，当务之急是赶快思考出应对之策，摆脱庞涓手下的监视。经过缜密考虑，他认为要对付庞涓这样的对手，必须隐蔽自己的企图，伪装自己的面目，才能使庞涓消除顾虑，放下嫉妒之心，而自己也才有机会

逃离虎口。他虽然成了残废之人，再也不能立马横刀、冲锋陷阵，但他可以运筹帷幄之中，决胜千里之外，以自己的知识和智慧报仇雪恨，并建功立业，实现自己的抱负和志向。

应该如何伪装呢？他想起了先祖孙武子《十三篇》中的名言："形兵之极，至于无形。无形则深间不能窥，智者不能虑。"他想起了越王勾践的卧薪尝胆。为今之计，只有装疯卖傻，才能骗过仇敌庞涓，从而寻机逃走。

不久,孙膑疯了的消息一时传遍大梁大街小巷。他蓬头垢面,一会儿大笑,一会儿嚎哭,泥土、墨汁涂满全身,嘴里一片胡言乱语。庞涓听说了,哪里肯信,但经过派人暗中观察、多次试验,终于相信孙膑不是装疯卖傻。他判断志大才高的孙膑是因为受不了膑刑的打击而精神失常了,于是渐渐放松了警惕。

一天,孙膑正在街头,一个车队从面前呼啸而过,听街上人议论,才知道是齐国的使团来魏国了。孙膑瞅准机会,乘人不备,暗中去见齐国使者,向使者介绍了

自己的身世和才能，诉说了自己的悲惨遭遇，请求使者设法加以营救，最好是能够回到自己的祖国齐国。这次出使魏国的齐国使者中，有一位著名的人物，他就是大名鼎鼎的滑稽家淳于髡。此人出身低微，据说曾经充当过"家奴"，后来不仅因学识渊博，能言善辩，名满天下，而且深得齐威王、齐宣王等君主的尊宠。据《战国策》记载，他曾在一天之内就向齐威王推荐了七位贤能之士。他见孙膑这位衣衫褴褛的刑徒之人谈吐不俗，实在是一个

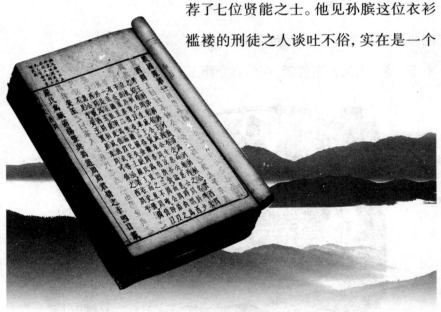

很了不起的人才，又得知他是大军事家孙武子的后人、当世高人鬼谷子的高足，更加刮目相看，十分钦佩，决心要将孙膑带回齐国，使其为国效力。于是就对孙膑说："既然先生有意回到故国齐国，我当尽力相助。待我们回国时，你可藏身于使者车座之下的木箱中。我们会安排一个随从穿上你的衣服，假扮是你，仍然趴卧于街头。"

于是，淳于髡离开大梁回国时，便按照事先的周密计划，神不知鬼不觉地将孙膑藏身于使臣的车子里，驾车离开大梁，一路上马不停蹄，日夜兼程，赶回齐国。

孙膑终于用自己的聪明智慧逃离了虎口。数日之后，庞涓闻知孙膑失踪的消息，赶紧派人四处搜寻，但哪里找得到，只得悻悻作罢。

三、锋芒初露

（一）田忌赢马

孙膑佯狂避祸，死里逃生，终于回到齐国。一进入齐国边境的高唐（今山东高唐东），立即受到齐国大将军田忌的热烈欢迎。原来，使团还未回到国内，淳于髡便派人把孙膑推荐给了田忌。田忌是齐国德高望众的老将军，此人忠心为国，为人耿直，性格开朗，豁达大度，心地善良，

深得将士爱戴。当时,田忌率军驻防高
唐,长期担负着抵御赵、卫、韩入侵的重
任,他身经百战,战功卓著,深受齐威王
的器重和信赖。他见孙膑精通兵法,十分
赏识,两人一见如故。田忌还将孙膑接到
自己府上,请名医诊治,好生调养。孙膑
的身体慢慢复原了,他为齐国有田忌这样
的将军而高兴,也想报答知遇之恩。一到
田忌有空,两人便一起讨论用兵方略,分
析国际形势,思考齐国的前途和自强争霸

的方略，并不时为田忌出谋划策。所以，当田忌奉调回到国都临淄（今山东淄博东北）时，也将孙膑带回国都，继续住在自己的府上。

尽管田忌待孙膑为座上宾，国事、家事都同他商量，而且言听计从、形影不离，但孙膑究竟有什么才能，大家还不清楚。孙膑也想找个机会表现自己的才能和抱负，这时机会戏剧性地来临了。当时随着战争的发展，中原地区除了自古以来

盛行的车战之外，又出现了一个新的兵种——骑兵，并日益成为战场上决定性的力量。于是，赛马活动在各国都很流行。而所谓赛马，其实就是比赛驾马车，一定意义上也是军事体育。因为车战之中，驭手技术的优劣和马匹足力的好坏，对于战斗胜负有着直接的影响。在齐国，从春秋末期开始，上流社会包括国王与文臣武将在内常常以赛马取乐。作为军人，田老将军尤其热衷于赛马。

有一天，田忌回到府中，唉声叹气，愁眉不展。孙膑一问，才知道是因为赛马又输了。近一段时间以来，田忌多次与齐威王及王公大臣赛马，每次必押上重金赌输赢，但屡赌屡输，所谓乘兴而去，败兴而归。孙膑一听是这事，安慰他说："这种小

事,何足挂心,下次你带我去,或许能让你变输为赢。"到了下一次赛马时,孙膑随着田忌一道来到赛马场观战。临淄城的赛马场宽广开阔,跑道笔直,果然是训练兵马的好地方。一阵惊天动地的擂鼓声过后,赛马开始了。竞赛规则是:参赛者各出三名选手,并将自己的马分为上、中、下三等,依次参赛,连赛三场,三局两胜。结果,田忌的上等马跑不过人家的上等马,中等马跑不过人家的中等马,下等

马也不是人家下等马的对手，难怪每赌必输。但孙膑也发现，其实参赛者的马，就同一等次而言，马力相差并不悬殊，只要策略得当，完全可以稳操胜券。回到府中，孙膑就胸有成竹地对田忌说："下次你再参加赛马时，尽管将赌注下大些，我有办法包你取胜。"田忌知道孙膑足智多谋，所以主动请求要与齐威王赛马，下赌注千金。这件事很快在临淄城传开了。

到了比赛当天，整个临淄城万人空巷，赛马场上旌旗招展，人头攒动，观者如云，战马嘶鸣，因为大家听说田忌下了千金赌注同齐威王赛马，都想看看这场豪赌到底谁胜谁负。满朝文武也都来凑热闹。比赛马上要开始了，孙膑才对田忌面授机宜：请用您的下等马去同国君的上等马比赛，先输一场。再用您的上等马同他的中等马比赛，这样可以扳回一局，最后用您的中等马去迎战他的下等马，这样就可以多胜一局，实现三场两胜。田忌依计而行，果然赢得了比赛。齐威王觉得蹊跷，他怎么也想不明白，双方的驭手、赛马、马车都没有变化，以前自己每赛必赢，怎么这次就输了呢？于是派人将兴高采烈的田忌叫来，要问个究竟。田忌笑逐颜开地对齐威王解释说："臣今天获胜，并不是马力有所增加，完全是我握有孙膑的妙策。"接着将孙膑的对策一五一十地讲了一遍。田忌趁机向齐威王郑重举荐由孙膑担任将军之职，重振齐国的军威。齐威王觉得此事虽小，却足见孙膑智慧超群，所以，尽管他没有答应田忌的请求，但还是在回到宫中后立即传令召见孙膑。

（二）君前论兵

　　孙膑被带到王宫后，齐威王见来者是一个双腿受过刑的残疾人，并不觉得孙膑有多大能耐，也没把孙膑当回事。后来田忌一介绍，他才知道，这个孙膑来历不小，是名满天下的孙武子的后人，又是大名鼎鼎的当世高人鬼谷子的高足。于是齐威王开口问道："今天赛马场上，先生给田将军出的主意真是太高明了，不知此种战术可有名称,它在军事上有用吗?"

孙膑回答说:"如果说名称,姑且可以叫'对策论'。名称并不重要,关键在于运用。今天的赛马,大王与田将军的马均分为上、中、下三等,虽然大王的马略占优势,但速度相差并不多。三马相赛,总共可以有六种对策,而田将军要赢大王,只有一种对策可以取胜,那就是我今天让田将军采用的对策。其他五种对策是:一,田将军以上、中、下三等马分别对大王的上、中、下三等马,这样三赛三负;二,如果田将军以上等马对大王的上等

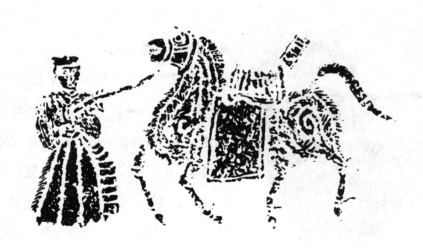

马，以下等马对大王的中等马，以中等马对大王的下等马，就只能取得一胜两负的成绩；三，以下等马对大王的上等马，以中等马对大王的中等马，以上等马对大王的下等马，结果还是一胜两负；四，以中等马对大王的上等马，以上等马对大王的中等马，以下等马对大王的下等马，又是一胜二负；五，以中等马对大王的上等马，以下等马对大王的中等马，以上等马对大王的下等马，还是一胜二负。只有我今天建议采用的第六种方案，即以下等马对大王的上等马，以上等马对大王的中等马，以中等马对大王的下等马，才可以两胜一负。

齐威王说："先生能举几个例子吗？"孙膑回答说："比如，在势均力敌的情况下，就应该迷惑敌人，使其分散兵力，攻其一点，再及其余。在敌众我寡的情况下，就应该避其锐气，疲惫敌人，攻其不备，出其不意；在我众敌寡的情况

下，最好故意示弱，诱敌出战，出来就打，不出来就将其包围。总之，军事上不能依赖某种固定不变的办法对付各种各样的敌人，应该见机而行，灵活指挥。"

齐威王已经开始对孙膑刮目相看了，他高兴地说："有先生的高见，必然能战无不胜、攻无不克了。"

孙膑严肃地说："胜利不是可以随便贪求的。要先做好战争准备，然后才能采取行动。城小而能守得牢，关键是有足够的物资储备；士兵不多而战斗力强，关键在于进行的战争是正义的。如果坚守城池而无物资储备，发动的战争是非正义的，天下谁也无法保证使其防守坚固、战斗力强大。"齐威王有些不以为然，因为稷下学宫中一些高谈阔论的所谓人才，他们经常向齐威王灌输以德服人、以仁义一统天下的理想，认为只要修德，只要实行仁政，不使用武力就可让天下归附。

孙膑见齐威王还没有理解自己的观点，于是进一步阐述道："我的先祖孙武子曾说过：'兵者，国之大事，死生之地，存亡之道，不可不察也。'的确，战争是残酷的，轻率好战会导致亡国，一味贪求胜利，为打仗而打仗，免不了受挫被辱。所以，谁也不喜欢战争。但有的人因为厌恶战争而主张以德服人、以礼服人，这就未免迂阔了。因为以德服人固然理想，但自古至今却从未实现过。从前黄帝战蚩尤、颛顼与共工争帝、商汤推翻夏桀、周武王讨伐商纣王、周公东征，无一不是用武力解决问题，靠战争手段实现了国家的统一。现在有些人，功德不如五帝，才能不及三王，智略不如周公，却要奢谈用仁义、礼乐来禁止战争，实在是天大的笑话。仁义、礼乐的办法不是不好，历代圣贤也不是不想用，而是根本行不通。尤其在当今列国争雄的时代，最终只有靠战争手段、靠正义之战才能解决问题，才能制止不义之战。所谓'战胜而强立'，使天下归于太平。"这一番深刻独到的分析，使齐威王大受震动，也击节赞同。他感到孙膑确实不简单，开始对孙膑以"先生"相称，把他作为老师看待，说还想听听孙膑对当今形势的看法。

孙膑毫不客气地侃侃而谈，他分析说："当今之世，列国争雄，仿佛是一个又一个相互关联的三角。以齐国来说，在西北齐与燕、赵；在西面齐与魏、赵，与魏、韩；在西南齐与魏、楚，都是大大小小的三角关系。自春秋以来，由于周天子权威丧失，列国之间为了各自的利益，弱肉强食，战火连天，在此情况下，很多诸侯国免不了国破家亡的命运。齐国要生存，要在列国中岿然立于不败之地，为今之计就只有富国强兵。而实行富国强兵的大战略，首先要对时局形势有一个正确的判断。即认清齐国发展和强盛面临的主要威胁。我认为，在今后相当长的时间里，齐国的主要敌人就是中原的霸主魏国。"至于原因，孙膑进一步阐述道："自韩、赵、魏三家分晋以来，魏国凭其占据中原腹地的地理位置，一度成为中原霸主。此后魏国虽风光不再，但魏武侯毕竟有些战略眼光，能够励精图治，所以尚

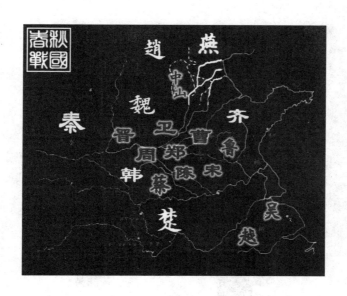

能联合赵、韩一起对外，重振霸主雄风。可是，西方的秦国不断崛起，使魏国一再丧师失地，并堵住了其西进的战略出路，所以魏国将国都迁往大梁，将东方作为战略重点。但它要实现东向拓展的战略，面临的最强大的对手就是崛起于东面的齐国。而我们齐国若想进一步开疆拓土，发展势力，称霸中原，也必然要同魏国发生碰撞。齐魏两大国的利益冲突，使两国间的战略冲突已呈必然之势。在北方，有

赵、燕两个大国，使魏国向北发展了无余地；在南面，楚、韩两国军力强悍，正虎视眈眈要问鼎中原。这六个大国形成了对魏国的战略围堵，但魏国这头猛虎是决不会甘心受困的，一定会向东方寻找出路。如此，齐、魏之间势必迎头相撞，决一雌雄的大战不可避免。"

听到这里，齐威王简直入迷了，他是个比较开明的君主，对于胸有良谋、言之成理的才智之士，往往慕而敬之、虚心诚恳，只要这些谋士讲得有道理，他也都能马上采用照办；即使进谏者说的不对，他也不以言罪人。见孙膑对国际形势分析得头头是道，齐威王十分敬佩，于是急切地问道："如此说来，我们齐国该如何对付虎视眈眈的魏国呢？"

孙膑停顿了一下，然后胸有成竹地说："现在齐国还不是强魏的对手，不仅齐国打不过魏国，其他大国如楚、秦、赵、韩、燕，哪一个也难与魏国一争高下。所以，我认为在这种战略形势下，齐国的战略要点有两个：一是抓住魏国暂时还不会同齐国摊牌的战略机遇加速自我发展，另一个就是做好联盟工作。至于如何自我发展，一定要按先祖《十三篇》中'先为不可胜，以待敌之可胜'的教导，预先准备，等待和创造战机。至于齐军屡败于魏军，这只是暂时的。为今之计，必须切实实行精兵政策，建设一支能攻善

守的'技击'精锐之师。然后，完善防御设施，合理地进行兵力部署，做到能攻能守、攻守兼备，选练兵将提高作战指挥水平。至于联盟问题，主要是要充分利用魏国与韩、赵的矛盾，甚至要制造矛盾，使魏国不能将战略主攻方向集中在东方，而是在中原与赵、韩相互消耗，并趁机将赵、韩拉向齐国一边，成为齐国的战略盟友，对魏国釜底抽薪。因为，赵、韩两国由于魏国国都东迁，战略重心东移，也进一步感受到了魏国的压力。它们一方面慑于魏国的强大，不得不接受魏国的一些自私自利的要求；另一方面，又不甘心受魏国的控制，都在谋求独立发展。魏国与赵、韩两国的控制与反控制的矛盾不断激化，就为齐国坐收渔人之利、削弱魏国提供了契机。所以，要加大外交的力度，与赵、韩、楚、燕、秦等国搞好关系，共同对魏，即使他们不能成为齐国的同盟，也要让他们不把齐国作为共同对手。这样就使魏国有了后顾之忧，从而延缓魏国向东进攻齐国的时间，为我们齐国赢得相对好的战略环境以及自我发展的时间。"

孙膑的一番宏论，让齐威王心悦诚服、如获至宝，他不由感叹："上天真是厚爱我齐国啊，给我送来了一位虎略龙韬的天才。"因为孙膑的一席话，更加坚定了他争霸天下的雄心，也指明了实现这一战略目标的大政方略。他已经将孙膑视为名副其实的经天纬地的将才，于是当场宣布要择吉日良辰拜孙膑为上将军。但孙膑执意不受，说自己是个受过刑的残废人，最多只能当个出谋划策的幕僚，辅佐老将军田忌为国立功。齐威王劝说再三，见孙膑心意已决，只好宣布，由孙膑担任军师，协同大将军田忌，专门负责筹划军务。这样，孙膑正式登上了战国中期的历史舞台，开始大展宏图。

四、运筹帷幄 威震四方

（一）受命出征

孙膑回到齐国后，多次向齐威王分析周边国家的形势，指明了齐国的战略重点以及应该采取的争霸战略，这些均为齐威王采纳。在齐威王的支持下，孙膑辅佐田忌整顿军队，加强训练，齐军的战斗力大为提高，已经为即将爆发的齐魏冲突做好了准备。齐国的崛起导致东方的战略形势发生了重大变化，魏国的霸权

受到来自齐国的强劲挑战，魏国东向发
展的战略也受到了极大遏制。魏、齐两
强利益的碰撞使双方矛盾激化，战争不
可避免。当时，魏国在西边筑长城与秦国
为界，南边与韩国、楚国接壤，东边以淮
水、颖水为界与齐国相邻，北边以漳河为
界与赵国相接。在这些邻国中，秦、齐、
楚都是大国，而韩、赵较弱。魏国的西进
战略因受到秦国的顽强抵制，自设置西
河郡之后再无大的动作，加之无暇西顾，
不得不在秦国的反击下采取了守势，希望

向东发展，专门对付东方的强敌齐国。但齐国实力不可小视，要与齐国争霸，战胜齐国，就不得不借助韩、赵两国的力量。

本来，魏国与韩、赵两国是传统盟友，当年魏文侯、武侯之所以能称霸中原，除了其他因素外，就战略方面讲，主要是因为采取了联合韩、赵的战略。但魏惠王胃口太大，缺乏战略眼光，他一方面自恃强大，不尊重韩、赵两国的利益，经常以盟主自居，凌驾于韩、赵两国之上。同时，他还错误地认为，如果魏国吞并了韩、赵两国，统一中原地区，不仅可以解除后顾之忧，而且可使魏国实力大增，从而纵横天下，建立前无古人后无来者的霸业。

魏惠王的所作所为，引起了包括盟国在内的周边各国的反感和敌视，尤其与其盟友韩、赵之间的控制与反控制愈演愈烈，从而使自己陷于孤立境地。魏国迁都大梁之前，就是因为不能妥善处理

与韩、赵的关系，才导致自己数面受敌，在与秦争夺河西的作战中处于不利的地位。迁都大梁后，魏的主要敌人和争霸对象是东面的齐国。魏国决策者尤其是魏惠王却不能分清主次矛盾，又犯了同样的战略错误。他不但未能改善与韩、赵的关系，反而变本加厉地数次出兵教训赵、韩两国，进一步激化矛盾。这不仅消耗自身实力，使自己陷于两线作战的不利境地，而且使魏国的战略对手齐国得以利用矛盾，谋取战略利益。

当时赵国国君赵成侯为了摆脱魏国霸权的控制，进而达到兼并土地、扩张势力的目的，先是退出了韩、赵、魏联盟，继而于公元前356年在平陆（今山东汶上）和齐威王、宋桓公相会，改善了与这两个邻国的关系；同时又和燕文公在安（今河北高阳县北）相会，安定了北方。三晋一体的局面已彻底崩溃。赵国的举动引起魏惠王的强烈不满，认为赵国自作主张，与魏国的敌国齐国等结盟，力图拉拢各国，实在是没把他这个盟主放在眼里。

魏惠王恼羞成怒，决心先从赵国开刀，树立自己的威信。于是他借口保护卫国，以庞涓为主帅，率领大军直奔赵国，包围了邯郸。魏惠王的如意盘算是：赵国毕竟实力不如魏国，魏军可以马到成功，而一旦赵国灭亡了，齐、赵联盟自然就会瓦解，齐国会更加势单力孤，而魏在中原的霸权则会更加巩固。

危急之中，赵王想利用刚刚建立起来的齐赵同盟关系，遂于公元前353年派使者前往齐国求救，并许诺若齐国援助赵国解魏军之围,赵国愿以自己的属国中山国相赠。

齐威王闻报赵国告急,遂召集文武大臣齐聚于太庙,商议对策。这是一次关乎齐国今后战略发展走向的重要会议,该不该出兵救赵,如何救赵,涉及齐国敢不敢与魏国争夺中原霸权,敢不敢挑战魏国的霸主地位。会议被一种紧张、肃穆、凝重的气氛笼罩着。每当遇到这种场合,往往是丞相邹忌率先发言,今天也

不例外，大家都想先听听丞相的高见。

邹忌本来是稷下学宫中的名辩之士，他曾用譬喻的方法，以弹琴譬喻政治，深得齐威王的尊宠，由学宫中的辩士一跃而为相国。他离开学宫进入政坛后，因能言善辩，经常向齐威王阐述自己的建议，深得齐威王的信任，齐威王对他可以说是言听计从。

邹忌见大家都在等他首先发言，于是踌躇满志地说道："臣坚决不赞成出兵救援赵国。至于原因，一方面，我们齐国的

当务之急是发展经济，壮大国力；另一方面，齐国军队不是魏军的对手，明明打不赢却硬要与魏国对抗，实在是拿国家的命运作赌注，拿军民的生命财产作赌注，这无异于以羊投虎，也是不顾大局的鲁莽行为。"

邹忌的表态可以说是语惊四座，大臣们有的认为他的话不无道理，还有人认为既然邹忌是一人之下万人之上的丞相，听他的就是了。

这时，大臣段干朋站起来说道："微

臣认为丞相的意见不妥。魏国攻打赵国，围攻邯郸城，齐国如果坐视不救，既显得不仗义，也对我们齐国不利。"见大臣们都面面相觑，段干朋详细陈述了自己的理由，他指出，出兵救赵的理由有三：一则齐国与赵国曾有同盟关系，若不兑现自己的承诺，就会在国家间失去信用；二则坐等魏国灭了赵国以后势力进一步壮大，对齐国更为不利；三是从当时战略形势来考虑，魏、赵两国都是齐国潜在的竞争对手，如果直接派齐军前往邯郸救援赵国，则既不能使赵国受到损失，也达不到消耗魏国实力的目的，这对齐国的长远利益是不利的。因此他主张实施使魏国与赵国相互削弱从而"承魏之弊"的战略，即先以少量兵力南攻平陵（今河南睢县西），借以表明齐国反对魏国攻赵的态度，并达到牵制和疲惫魏军的目的。待魏军攻下邯郸师老兵疲之时，再出动大军予以正面攻击，重创魏军，以求一举成

功。这一谋略，具有一石三鸟的用意：南攻平陵，可使魏国陷于两面作战的困境，是为其一；向赵国表示了援助的姿态，信守盟约，维持两国所建立的友好关系，帮助赵国坚定抗魏的决心，是为其二；让魏、赵继续攻伐，最后导致魏国受重创，实力削弱，从而为齐国战胜魏国和日后控制赵国创造有利条件，是为其三。

齐威王听了两位大臣的意见，左右为难。于是征询军师孙膑的高见。孙膑赞许段干朋的观点。他进一步从战略的高

度分析道："魏、赵、韩原是一家，魏文侯时，三晋联盟，所向无敌，各诸侯国难敌其锋。现在，三晋出现裂痕，赵国转而与齐国结盟，等于对魏国釜底抽薪，而其出兵攻打魏国的属国卫国，又无异于夺取魏国口中之食。魏、赵两国矛盾激化，对齐国最为有利。在这种情况下，齐国应该利用这一良机。因为，齐国的主要敌人就是魏国，在目前魏、赵交恶的情况下，如果赵国被打败而投降魏国，赵国势必认为齐国见死不救，有违赵、齐两国的盟约，进而与齐国反目成仇。这样，齐国不仅失去了一个战略上的盟友，而且让敌手更加强大。尤其从战略格局看，魏国攻赵，还将导致其他大国如秦、楚都趁机渔利，蚕食魏国疆土，从而使自己处于四面树敌、孤立无援的被动境地。所以，臣以为应该采纳段干朋之计，立即出兵。同时，从长远的战略观点来看，赵和韩也是大国，如果不借魏国之手予以削弱，将来也可能成为齐国的劲敌。所以，我们应该既攻打魏国，以坚定赵国抗魏的决心，又不可过早与魏军主力正面交锋，而要等到魏、赵双双精疲力竭之时，再出动大军

重创魏军，这样最符合齐国的战略利益。到那时，齐国就可以号令天下，安抚百姓，成就天下一统的伟业。总之，出兵不出兵，关系到齐国取威定霸的战略目标能否实现，所谓机不可失，时不再来。"

至于如何救赵，孙膑认为，魏国的"武卒"部队，是大军事家吴起当年训练出来的，号称天下劲旅，数十年来，东征西讨，战无不胜。齐军要同魏军正面较量，显然不是对手。因此，必须以智斗力，以巧取胜。具体讲，就是按照孙武子《十三篇》中所说的"胜于易胜""胜已败者"，即要主动创造取胜的条件，使魏军成为最易打败的敌人，使其未同齐军交战即已处于接近失败的境地。为此，孙膑提出了著名的"围魏救赵""批亢捣虚"的作战方针。他分析说：当前的情况是，魏国大举攻赵，"轻兵锐卒必竭于外，老弱疲于内"，这就为齐军"疾走大梁""冲其方虚"提供了条件。因此，他主张以一部分兵力攻击魏都大梁，引诱庞涓回救，而将齐之主力集结在适当的地域，邀击魏军于归途。齐威王和大臣们听了孙膑掷地有声的一番分析，茅塞顿开，于是，齐威王做出决断，全国备战，军队听候命令，随时出征。

这时，魏国的十万大军在庞涓的统率下，已兵分两路，浩浩荡荡，一路北上，很快就占领了赵国都城邯郸四周的战略据点。邯郸城山水环抱，自西而南而东，有漳河、滏水、牛首水，西有太行山、紫山，北有插箭岭，城池坚固，粮草充足，易守

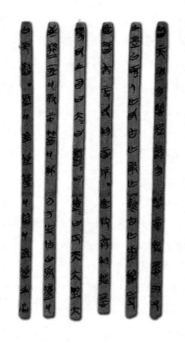

难攻。赵国国君赵成侯亲率五万精兵分守城外各处，庞涓决定强攻，将邯郸团团围住。

魏国以主力攻赵，两军相持达一年有余，赵国军民拼命抵抗，咬牙苦苦支撑了一年，眼看就要城破国亡。当邯郸危在旦夕，赵、魏两国均已疲惫之时，齐威王认为出兵时机业已成熟，于是任命田忌为上将军统一指挥，又任命孙膑为军师，这次大军出征，要一切听从孙膑的谋划。

（二）围魏救赵

自从太庙决策之后，齐威王下令全国动员，齐军上下也进行了充分的战前准备。接着，田忌与孙膑率齐主力约八万余人，加上地方部队的"五都之兵"，分前、中、后三军，浩浩荡荡，开赴前线，集结于魏、赵交界的齐国边境。

一场大战一触即发。但如何实现救

赵的目标，主帅田忌与军师孙膑在意见上产生了分歧。田忌主张立即率军西进，蹑魏军之后，直趋赵国国都邯郸，从而包抄魏军后路，与赵军内外夹击，以解邯郸之围。孙膑连连摇头，认为不妥。他认为，魏军的根本战略目标是攻破赵国国都邯郸，吞灭赵国。齐威王之所以派田忌率兵开赴齐、赵、魏边境，不是为了救赵，真实目的是相机破魏，打击魏国。如果齐军倾全力去救赵国，齐、魏之间的大战会立即爆发，展开战略决战，这对

齐军是不利的。现在，魏军攻打邯郸，邯
郸已经朝不保夕，不等我们赶到，邯郸就
失守了。当务之急不是解邯郸之围，而是
解赵国之围。因此，齐军最好采取"批亢
捣虚""疾走大梁"的作战方针。他形象
地解释说："指挥作战如同治理水患一
样：对于来势凶狠的敌人，要避开其锋
芒，疏导水流。对于势力弱小的敌人，要
坚决攻击其虚隙，修筑堤坝堵塞水流。要
解开乱成一团的丝线，不可以用手强拉
硬扯，只能慢慢地去梳理；要劝解打得难

解难分的人，只能善言相劝，自己不能参与搏击；要平息纠纷必须抓住要害，不可鲁莽，而要乘虚取势，双方因受到制约才能自然分开。派兵解围的道理也是如此，不能以硬碰硬，而要采取'批亢捣虚'的办法，也就是要因势利导，撇开强点，攻其弱点，冲其要害，使敌人感到形势不利于己，出现后顾之忧，自然也就可以解围了。"

田忌听了孙膑一番分析，恍然大悟，完全同意军师的见解。为了落实这一"围

魏救赵""批亢捣虚"的总体作战方针，坐在轮车上的天才军事家孙膑和仇敌庞涓斗智斗勇，积极寻找战机，实施了环环相扣的战术行动：

第一步，佯攻平陵（今河南睢县，一说今山东定陶东北），欺敌误敌。

当时齐、魏双方似乎势均力敌，其实不然，魏国保持着独霸中原的余威，一直未把齐军看在眼里。"齐之技击不可遇魏氏之武卒"，如果此时决战，齐军毫无取胜把握，甚至将直接影响齐国图霸的伟业。孙膑对这一点有着十分清醒的认识，他实事求是地承认魏强齐弱的形势，主张暂避锋芒，寻找有利战机。但他认为，齐军也不能被动防御，无所作为，于是建议南攻平陵。

在征得田忌的同意后，孙膑下令由齐军中最不会打仗的齐城、高唐的两位都大夫率领的地方部队去强攻平陵。都大夫是地方长官，当时，中原各国大多实

行郡县制，在边境地带设郡，郡的长官称"守"；在内地设县，县的长官称"令"。而齐国沿袭旧制，不设边郡，而称县为都，其长官称"都大夫"。作战时，都大夫要率自己辖境内的士兵参战。孙膑同时下令，这些前去进攻平陵的军队只许失败，不可取胜。平陵地处宋、魏、卫三国交界处，在魏都大梁以东，距大梁一百余里，原属卫国领土。桂陵之战前，魏国向东扩张，据为己有，成为魏国东阳地区的军事重镇，有大小城市四十余座，人口多，兵力强，守备坚固，很难攻取。而且

齐军进攻平陵，市丘（属卫国之地）是必经之地，魏军可以从市丘出兵截断齐军粮道，从侧翼威胁齐军，使齐军有后顾之忧。但实际上，南攻平陵是孙膑深思熟虑的一着妙棋。其一，齐军救赵，本应西向迎敌，而孙膑却派军南进，这就避开了魏军主力，争取军事上的主动，所谓避敌锋芒；其二，争取政治外交上的主动，因为进攻魏国的军事重镇平陵，仍属救赵的军事行动，可以与赵国抗魏形成遥相呼应之势，不致失去盟友；其三，最重要的，是避免过早地暴露齐军实力，并掩盖齐军"批亢捣虚""围魏救赵"的真实意

图。齐国大规模调动军队救赵，重兵集结于齐魏边境上，本来就对魏国的侧背形成了威胁，魏军极有可能放弃攻赵的行动，甚至可能将围攻邯郸之军调头南下，寻求与齐军决战。这样，原计划中的"使赵破而魏衰"的战略意图就无法实现了。而孙膑派两个无能的将领，带少量兵力佯攻平陵，魏国不会感受到太大的威胁，庞涓可以放手去攻卫、赵，这就将魏军引到邯郸，不断消耗其实力。此外，孙膑命令南攻平陵的部队在进攻中故意失败，更加起到了麻痹庞涓的作用，使庞涓很自然地产生了齐军指挥无能的错觉，并因此消除了其对齐军的后顾之忧，继续全力以赴在邯郸城下进行攻坚战。

孙膑的这一招果然灵验。庞涓得到齐国出兵的消息先是一惊，生怕国内空虚，经不起齐军的攻击。正在犹豫之间，又得到齐军正扑向平陵的准确情报，不禁大笑，认为平陵极难攻下，齐军却进攻平陵，足见其主帅糊涂无能。所以他不但没有回师国内，反而指挥大军加紧对邯郸的围攻，准备攻下邯郸后再回头收拾齐军。经过苦战，魏军在付出极大代价后，才攻下了邯郸。

但庞涓率军在邯郸城下长达一年之久的鏖战，恰恰给齐军直捣大梁创造了有利条件。因为魏军损兵折将，且后方空虚，已在由强转弱；齐军久攻平陵不下，但全军锐气未受丝毫损伤，且主力一直在养精蓄锐，蓄势待发，战局正在发生急

剧变化。这样，孙膑用局部的牺牲换取了全局的利益。

第二步，直捣大梁，出其不意。

庞涓竭尽全力攻下了邯郸，已经师老兵疲，需要休整部队。这时，战略格局也发生了对魏军不利的重大变化，西方强国秦国的军队趁机攻占了魏国的少梁（今陕西韩城县南），南方的楚国也北上攻占魏国的睢水附近地区（今湖北沮水一带），齐、宋、卫联军仍继续围攻平陵。孙膑认为与魏军决战的时机业已成熟，他立即请田忌派一部分轻车锐卒冒充主力，迅速向魏都大梁（今河南开封）城郊

挺进，做出攻取大梁的姿态。大梁是魏国的政治、经济、军事中心，其安危关系到魏国的存亡。尤其是大梁地处平原，无险可守，只能"以兵为险"，靠强大的军队保障国都的安全。但这时魏军主力全在邯郸城下，国内空虚。所以，面对齐军突然猛烈的攻击，魏惠王惊慌失措，不得不十万火急令庞涓回师。其实，直捣大梁并不是齐军的真实战略意图，而是虚张声势，用"攻其必救"的办法，再度调动魏军，继续疲敌，从而牢牢掌握战场主动权，迫其就范。

庞涓费了九牛二虎之力刚刚攻下邯

郸，正在得意忘形之际，忽然得到国都大梁危在旦夕的消息，接着，又接到魏惠王让他火速回师解大梁之围的命令，他只好不顾久战疲劳，以少数兵力控制刚刚攻下的邯郸，亲率主力星夜兼程驰援国都。他确实以为，齐军的目的在于攻大梁，而且攻打大梁的就是齐军主力。孙膑指挥齐军直捣大梁这一精彩之笔，大胆、果断、出其不意，使整个战局出现了急剧的变化。

第三步，桂陵设伏，聚歼魏军。

就在庞涓率军要赶回大梁教训齐军

主力时，田忌和孙膑已率齐军主力从鄄城秘密开进，在魏军回师的必经之路上，选好了一个绝佳的伏击战场——桂陵。

桂陵地处鲁西南丘陵地带，当地古树参天，灌木葱茏，其间有一条长约十里的狭窄山涧，蜿蜒曲折，车马不得并行，大军置身其间，犹如被装进了一个口袋，根本难以展开。孙膑在率领齐军到达桂陵后，立即占据有利地形，部署军队，分配任务，派瞭望哨，封锁消息，并派军切断了魏军的退路，只等魏军往口袋里钻。

庞涓率军刚刚渡河到了桂陵，就进入了齐军的伏击圈。魏军由于长期攻赵，兵力消耗较大，加之轻装兼程，给养不足，遭到以逸待劳、士气旺盛的齐军截击后，立即陷入了被动挨打的境地，溃不成军。庞涓本想困兽犹斗，指挥大军突围，但当他发现齐军的指挥官原来就是曾被自己施以膑刑，并被认为已经精神失常的

孙膑时，心理防线一下子就垮了，哪里还敢恋战，所以只顾仓皇而逃。最后，他勉强收拾残部，退回大梁。魏军攻占的赵国国都邯郸，也得而复失。经此一役，魏国实力严重削弱，齐、魏在东方形成战略均势，平分了东方霸权。

在实施"围魏救赵"战略方针的过程中，孙膑作为齐军事实上的总指挥，在指挥艺术上出神入化。他先指挥齐军南攻平陵，平陵未能攻下，齐军还受到一定

损失，孙膑又派"轻车西驰梁郊，以怒其气"，庞涓果然信以为真，弃其辎重连夜赶来。接着孙膑设伏桂陵，攻其无备。真是一计接着一计，一环紧扣一环，从而牵着敌人的鼻子走，变不利为有利，变均势为优势，争得了战争的主动权，最后水到渠成地歼灭了敌人的有生力量。因此，桂陵之战被作为中国战争史上以弱胜强的经典战例而载入史册。自孙膑创造性地使用"围魏救赵"战法以来，这一战法一直为历代军事家所推崇，成为他们用兵作战的重要指导原则和克敌制胜的重要谋略。

（三）烽烟又起

魏惠王本来计划吞并赵、韩两国后再收拾齐国，最终实现号令天下的目标。但没想到齐国会横插一脚，使魏国攻赵的行动功败垂成，结果不仅未将赵国灭掉，反而使自己的争霸事业受挫。他痛定思痛，更加认识到齐国是魏国霸主地位的最大威胁，决心有朝一日一定彻底消灭齐国。为此，桂陵之战后，魏惠王也接受了一些教训，重新重视魏、韩、赵联盟在魏国争霸事业中的战略地位，并加紧修复与韩、赵两国的关系，以共同对付其他各国，扭转在战略上的被动局面。

经过十年的努力，魏国的元气渐渐恢复，军事实力更加强大，魏国在韩国军队的配合下，打了不少胜仗，收复了少梁，击退了楚军；在西方，也多次击败秦军，遏制住了秦国的东进势头，使魏国西部边境得以安定。周边各国鉴于魏国国力强盛，谁也不愿得罪魏国。魏惠王环顾天下，认为谁也不是魏国的对手，于是野心再度膨胀，又做起了独霸中原的美梦。魏惠王无视严峻的列国形势，派魏军四面出击，向周边各国发动了咄咄逼人的攻势。

为了树立自己的威信，魏惠王决定先向那些心存不服的诸侯国开刀，杀一儆百，树立自己的威信。对于魏惠王经常以一副君临天下的盟主姿态发号施令，魏国的盟国韩国、赵国早有不满，这次魏惠王又公然称"王"，韩、赵两国更是首先表示反对。

魏惠王早就制定了挟持韩、赵以抗

齐、楚的战略方针，称"王"后，更迫不及待地要实施既定的东进战略，但韩、赵两国如此不配合，使他十分愤怒。想到前几年自己召集逢泽之会时，也是盟国韩国率先抵制，使他丢尽了面子。于是，骄横的魏惠王立即命令大将庞涓率军攻打韩国。庞涓自桂陵大败后，差点丢了官职，好在魏惠王念他攻取邯郸有功，依然信任他，任他为将军。这次魏惠王任命庞涓出兵攻韩，庞涓认为，魏国的宿敌齐国一

定不会坐视不管，他必须格外小心，不能重蹈桂陵之战的覆辙。于是他计划以一部分兵力强攻韩国，引诱齐军前来，待齐军进入魏国国境，再以预先集结的主力迎击齐军，争取在野战中歼灭齐军，以报桂陵兵败之仇，制伏齐国，扫除魏国称霸的最大障碍。

魏惠王称"王"、攻韩的举动使齐国感受到前所未有的战略压力。恰恰这时，在魏军进攻之下已危在旦夕的韩国派来了使者，请求齐国速速出兵救韩。齐威王立即召集大臣进行商议。宰相邹忌害怕武将田忌、孙膑再立大功，会威胁到自己的地位，于是竭力反对出兵救韩。他认为，根据各种迹象可以判断，魏国无意于灭亡韩国，不过是因为韩国国君韩昭侯拒不出席逢泽之会，所以魏惠王要教训一下韩国，出出怨气，满足自己的虚荣心而已。况且，即使魏国想灭亡韩国，也无此实力。其一，韩国国都郑（今河南新郑）城墙坚固，防御设施齐全，兵精粮足，加之对魏国吞并韩国早有戒心，已经提前做好了对付魏国进攻的准备。所以，韩国军队可以坚守国都，抵挡魏军；其二，韩国军队装备精良，士兵个个披坚甲，负弓弩，佩利剑，能以一当百。尤其是韩国的兵器制造业在各国中最为先进，天下无双，号称"陆断马牛，水击鹄雁，当敌即斩"。总之，齐国实在不必出兵，而应该将精力放在加强内政治理上。

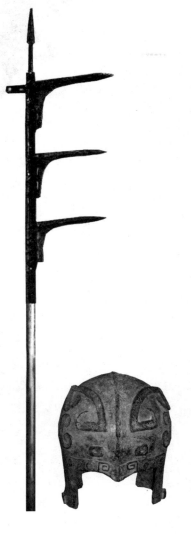

　　轮到老将军田忌发言了，他主张立即发兵救韩。他说："凡事预则立，不预则废。如果事态的发展果真如宰相所料，魏军无意于灭韩，很快收兵，这当然再好不过了。但必须看到，魏国拥有强大的军事实力，赵国军队的战斗力远远强过韩国军队，但上次魏军还是一举攻下防御比郑国国都更为坚固的邯郸，如果不是齐军'围魏救赵'，赵国差一点就亡国了。所以韩国根本抵挡不住魏军的进攻。况且，自桂陵之战后，魏惠王野心很大，一旦魏国灭了韩国，他的下一个目标肯定不是赵国就是齐国。俗话说唇亡齿寒，况且韩国是我们的同盟国，我们不能坐视不救。"田忌建议立即出动大军，进攻魏国，以解韩国之围。

双方各说各的理，相互争执不下。齐威王见军师孙膑坐在一边一直没有说话，便问："先生是不是认为这两种意见都不对啊？"孙膑点头说："是的。我认为丞相主张不救韩国，于情于理都说不过去。魏国以强凌弱，如果韩国被攻陷，肯定对齐国不利，因此我不赞成见死不救的主张。

田老将军主张立即出兵魏国以救韩，也不符合齐国的战略利益。魏国是显赫的大国，所谓'百足之虫，死而不僵'，桂陵之战失败后，魏国经过十年的休养生息，强兵备战，元气已经恢复，军力十分强大。而在东方各国中，齐国是众望所归，诸侯都寄希望于齐国出面伸张正义，以正义之战制止不义之战。但魏国现在锐气正盛，如果我们为了韩国而立即出兵去与魏军决战，那样就等于替韩国作战，这将影响到齐国既定的争霸战略，因而也不是上策。"

齐威王说："那么，依先生的意见怎么办好？"孙膑说："韩国虽算不上一流强国，但确实也有一定实力，属于中原的强国，从长远看，也是齐国实现争霸战略的潜在障碍。所以，齐国应根据魏强齐弱的战略态势，采取'深结韩之亲，而晚承魏之弊'的战略方针，最好由齐威王秘密地亲自接见韩国的使者，暗中答应韩国的请求，承诺一定出兵救援韩国，以坚定韩国抗魏的信心。一旦韩魏两败俱伤，韩国无力支撑时，我们齐国再发兵前往救援，从而一举两得，趁机谋取战略利益：既让韩国感激涕零，听任齐国的摆布，又借机推翻魏国东方霸主的地位。"孙膑同意田忌提出的出兵救韩的主张，让田忌十分高兴。而田忌虽然赞同孙膑的分析，但觉得军师孙膑的策略实施起来困难重重，于是提出了疑问："请问军师，韩国在魏国西边，我们齐国在魏国的东边如果不早些直接出兵攻魏，如何能达到援救韩国

的目的？一旦魏军灭了韩国，到那时我们再出兵，不仅救不了韩国，而且仍不免要与魏军兵戎相见。横竖都是救，我仍然认为还是先出兵攻魏好些，而且我们仍然可以采用'围魏救赵'的打法。"

齐威王听了孙膑的分析之后，本来打算出兵救韩，现在田忌又提出这一疑问，心里也不免担心，既要救韩国，又不去直接进攻魏国，这可怎么去救？要是没有其他办法，还不如采用丞相邹忌的主张，坐山观虎斗，这是最稳妥的了。

老成持重的田忌老将军对孙膑有知遇之恩，孙膑一直非常尊敬田忌。他谦虚地说："在救不救韩国的问题上，我完全同意田老将军的意见。因为救不救韩是个战略问题，至于如何救，为什么要晚出兵，这是实施战略的具体方法问题。魏国迁都大梁以来，一直将齐国视为战略对手，必欲灭之而后快。桂陵之战，魏军虽受重创，我们也暂时遏制了魏国东进的势头，给自己赢得了壮大实力的时间。但随着魏国国力的恢复，齐国和魏国迟早要打一场恶仗。而且，这次魏军攻韩，不过是声东击西，引诱齐军出战，歼灭齐军。因此，齐军必须做好与魏军进行战略决战的充分准备。至于为什么不立即出兵攻魏来救韩国，我也只是认为这样不合算。因为我从各种迹象初步判断，这次魏国攻打韩国，对齐国出兵救韩的可能性是考虑到了的，也是早有准备的。虽然齐国的技击之军已足以与魏军相抗衡，

但直接出兵伐魏，必败无疑。毕竟，魏国的武卒，多年来攻必克，战必胜，除了桂陵之战受到挫折外，仍然堪称天下无敌，其强大的实力不可小觑。因此，救韩与上次救赵不同，不能再沿用'围魏救赵'的战法，所谓'战胜不复'。总而言之，战法必须讲究变化，救韩的战法不能与救赵的战法雷同。但到底应当采取何种战法，还得容我综合考虑各种情况后再给一个答复。"

齐威王听了以上分析，虽然坚定了出兵救韩的决心，但他与田忌一样，对未来的齐魏决战如何实施，心中也没谱，于是命令孙膑再认真考虑一下作战方案。

回到府中，孙膑陷入了苦苦思索。即将到来的齐魏决战关系到齐国争霸天下的战略，由不得半点马虎和闪失。他忽然想起孙武《十三篇》的教导，"兵以利动""故善动敌者，形之，敌必从之；予之，敌必取之。以利动之，以卒待之"。

打败实力强大的魏军, 全在一个 "诱" 字上, 只要善于 "示形", "取之" 也就不难了。因为, 军队的强与弱、虚与实、劳与逸并不是一成不变的, 指挥官只要发挥主观能动性, 运用智谋, "以利动之", 积极 "示形", 就可指挥和调动敌军, 让敌人产生骄傲和侥幸心理, 轻率麻痹, 并导致敌人的主力疲于奔命, 离开有利阵地依托和地形条件, 形成分散之势。这样, 敌人机动力再强, 也经不起反复折腾, 敌人兵力再多, 也难以前后左右照应。如此, 弱军就可以形成局部的优势, 然后 "以卒待之", 实施反击, 迫敌就范。

计谋已定, 孙膑立即去晋见齐威王, 他胸有成竹地向齐威王汇报说: "现在齐军同魏军相比, 正如同赛马一样, 魏军强大, 有五成把握可以取胜; 齐军弱小, 六成之中只有一成取胜的把握。我们齐军这次同魏军进行战略决战, 要战胜魏军, 只有一个办法, 那就是调动敌人, 夺取战

争主动权。通过示形用诈、示假隐真，诱敌上当。至于具体的诱敌破敌之策，可以如此如此……"

齐威王听罢连连称赞，即日下令齐军出发，并吩咐田忌，届时一切军事行动都要按军师的神机妙算进行。

（四）马陵之战

韩国得到齐国出兵援救的允诺，人心振奋，众志成城，奋起抵抗魏军的进攻。但终究实力不支，虽奋勇抗战，而五战皆败。在韩国危亡之际，公元前341年，齐威王决定以孙膑为军师、田忌为主帅，率齐军十万大军前去救援。田忌和孙膑没有去韩国与魏军直接交战，而是率军直趋魏国国都大梁。这似乎是桂陵之战的故技重演。

就在齐国大军逼近边境的第一天，庞涓就得到了军情急报。不久，侦察人员

又提供了更为详细的情报，齐军从高唐方向越过魏齐边境，分三路齐头并进，打着田忌、孙膑等齐军将领的旗号。

魏军主帅庞涓一得到齐国出兵救韩的消息，更是"新仇旧恨"一齐涌上心头。其实，在出兵攻打韩国之前，庞涓就分析了齐军行动的可能性。他判断，齐军定会出兵救援韩国，而且仍然从阿、鄄、高唐方向出发，必然是上次"围魏救赵"的故技重演。这样，一旦魏国撤韩国之围，回头迎击齐军，齐军决不敢同魏军正面交锋，进行野战，而会退回到防御坚固的阿、鄄、高唐一线，据险固守。为了能够

在野战中歼灭齐军，庞涓设想，一是按照魏惠王的部署，以一部分兵力待机于卫国的濮阳，一旦齐军从阿、鄄方向西进，就先不惊动它，放开大路，让其深入；二是由自己率领魏军主力主动从大梁东出，迎击齐军。从各方面情况看，齐军必然不敢同自己率领的主力正面交锋，而很可能向阿、鄄撤退。这时，预先待机在濮阳的魏错将军的部队即可阻断其归路，迫使齐军折而向南，转经宋国境内撤往齐国，而自己则率领魏军主力借道宋国的外黄（今河南民权西北）予以追击，预计在定陶之南、丹水之北可以追上齐军，与其进行决战。

庞涓还向魏惠王提出了这次作战的战略方针，即不要仅仅限于在野战中歼灭齐军，而且要更进一步。他分析说："齐国的防御重点在其西部边境，即阿、鄄、高唐方向，此处既有济水、大野泽和泰山之险，又有长城作为屏障，齐国在此集结重兵，无非是为了保证其国都临淄的安全。此次作战，我们在野战中重创齐军主力之后，下一步最好由魏错将军率偏师虚张声势，摆出从阿、鄄进攻临淄的姿态，

则由我率领主力出其不意地向其防御薄
弱的莒（今山东莒县）、郯（今山东郯城）
出击，席卷齐国南境，然后，与进攻阿、鄄
的魏军南北夹击，一举掠定齐地。"

一场恶战已是箭在弦上，不可避免
了。但是，齐军在出动三天后，一遇到赶
回来迎击的魏军，稍一接触，便突然向南
撤退了，而南边一直是齐国防御比较薄弱
的方向。原来，如何对付强大的魏军，孙
膑早已胸有成竹。他针对魏军强悍善战，

素来轻视齐军的实际情况，判断魏军一定会骄傲轻敌，急于同齐军进行决战。因此，他认为要战胜强大的魏军，就不能和魏军过早决战，而是避其锐气，要"能而示之不能，用而示之不用"，巧妙地利用庞涓骄傲轻敌的致命弱点，"以利诱之"，牵着魏军鼻子走，诱其深入，使其疲惫，然后再予以致命一击。

为此，孙膑向田忌建议说："魏国的军队一向骄傲轻敌，他们仗着自己训练有素，勇猛善战，认为齐军没有战斗力，不

把齐军放在眼里。加之他们现在急于求战，一定会轻兵冒进。我们可以利用魏军这一弱点，假装撤退，诱其追击，乘隙予以致命的打击。兵法上说，如果急行军上百里去争利，就会使先头部队有损兵折将的危险；如果赶往五十里外去争利，也只能有一半部队能如期到达目的地。我们这样做正符合兵法的原理。"

孙膑还具体设想了诱敌的方法，那就是在与魏军接触后就假装败退，掉头向东，沿丹水一线向齐国南境撤退。这一撤军路线，可以绕过齐军西部防线，而齐国南境又是其防御的薄弱环节，这会使一心要报复的魏军主帅庞涓认为有机可乘，于是做出追击齐军的决策；同时，在退却过程中实施"减灶诱敌"，让魏军以为齐军每天有大量士兵逃亡，战斗力迅速下降，从而不顾一切地追击。

齐军主帅田忌按照孙膑提出的诱敌深入之计，制定了具体的作战方案。魏军与齐军一接触，齐军就立即后撤。果然如

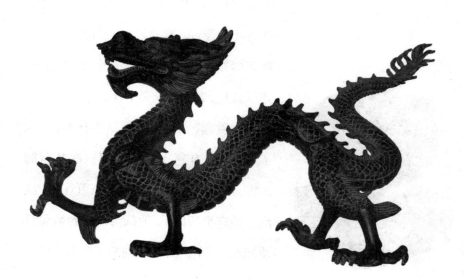

孙膑所料，魏惠王听说齐军撤退，认为这是寻求与齐军主力决战的良机。庞涓更加怒不可遏，誓与齐军决战，他不顾军队长期作战未作休整，下令三军日夜兼程，气势汹汹地扑向齐军，企图与齐军一决胜负。

当然，魏军主帅庞涓与孙膑交手，一直小心翼翼，唯恐再次上当。他率魏军主力日夜兼程赶回魏国本土的第一天，就曾认真查看齐军扎过营的地方，发现营盘占了很大的地方。他命人数了数做饭的炉灶，灶台足够十万人使用，心里不免还存有几分警惕。第二天，庞涓带领大军赶到齐国军队第二次扎营的地方，再检查齐军营地，却发现齐军的灶台少了一半，遂又抖擞起精神，挥师紧紧追赶不放。到了第三天，追到齐国军队第三次扎营的地方，发现齐军营地上只有三万灶台。庞涓开始忘乎所以了。他认为从灶台数量日益减少的情况就可以判断，齐军士兵真

的如以前一样怯战，现在一经魏军追击，就被吓得不敢迎战而纷纷逃亡了。于是他丢下步兵，亲率一支轻装骑兵，对齐军实施兼程追击。欲擒获孙膑，以报桂陵大败之仇。

孙膑早就知道庞涓经不起诱惑，贪功冒进，必然认为齐军怯战，也一定会马不停蹄地紧紧追击齐军。他根据魏军的行军速度，经过仔细计算，判断魏军很可能于傍晚时分追至马陵地区。于是，孙膑提前将马陵道作为预定的设伏战场。

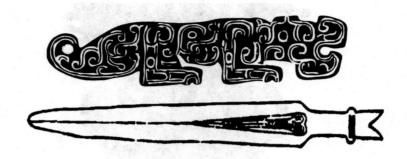

　　孙膑率齐军到达马陵道以后，立即
着手部署战场，一是下令封锁通往谷口
的道路，空其中以待魏军入谷；二是下令
在伏击圈外构筑城垒，在垒上对各种兵
器做梯次配置，以使其充分发挥杀伤作
用；三是对伏击圈内进行了周密的设计，
严密布防。孙膑下令在马陵道上放满大
树，并在其尽头"斫大树白而书之"，即
派士兵将深沟中一棵大树的树皮剥去，
在上面刻上"庞涓死于此树之下"几个
大字，这大树白书恰成为齐军攻击的中
心；四是明确有关规定，如夜间以击鼓相
联络，白天则举旗为号，并命令士兵，如
果夜间见到火光，就一齐放箭，等等。这

样，在马陵道上，孙膑部署了万无一失的伏击圈，只等着庞涓和他率领的魏军往里钻了。

夜幕时分，天色昏暗，太子申与庞涓率军赶到了马陵山。太阳已经偏西，太子与庞涓并不休息，站在山丘之上查看地形。只见此山山口宽豁，草木葱茏，似乎暗藏杀机。庞涓恐有伏兵，于是令大军停止前进，待搜索回报，再决定是继续追击

还是扎营。结果探子回报：没有发现齐军伏兵。于是，庞涓挥军继续前进，进入了十分狭窄的马陵道。

入得山谷，道路越来越窄，而且两旁都是障碍物。庞涓率魏军在山谷中困难地行进着。进至谷底，时已黄昏，庞涓总觉这山谷阴森森的，寒气逼人。抬头望去，只见一弯新月挂在天际，四周则万籁俱静。此时，一名在前面搜索道路的士兵前来报告，出山谷的道路已被人封死，只

是前方有一棵大树，树皮已经被人剥去，上面还写了一些字。庞涓觉得蹊跷，亲自前往查看，果然见一棵参天大树立于山脚，被刮去了树皮，只剩下白白的树干，上面影影绰绰写着几个大字。他忙命人点燃火把，准备看看上面到底写些什么，一看才发现，"庞涓死于此树之下"八个大字赫然在目。庞涓一下子惊呆了，发觉中了齐军的埋伏。他连忙下令撤退，可惜已经太晚了。

火光成了齐军发起进攻的信号。只听战鼓隆隆，隐蔽在两边山坡上的齐军万弩齐发，箭如飞蝗，对魏军猛烈射击。一时间，马陵道两旁杀声震天，魏军遭此迅雷不及掩耳的打击，顿时惊慌失措，乱作一团，不是被杀，就是四散逃命。庞涓自知败局已定，不禁仰天长叹，然后拔剑自刎。孙膑见庞涓已死，立即命令齐军分左右两路，包抄夹击魏军的后续部队，齐军

乘胜前进，个个奋勇，犹如猛虎下山，扑向魏军。魏军因失了主帅，只知盲目四散逃命。太子申来不及逃跑，被齐军将领田婴活捉，成了俘虏。齐军乘胜追击，歼敌十万余人。马陵之战作为一场典型的示假隐真、欺敌误敌、设伏聚歼的典范战例，已经被载入中国战争和世界战争的史册。

五、流芳百世

(一) 飘然归隐

历史上立下丰功伟业的英雄人物，其人生归宿往往惨淡黯然。所谓"飞鸟尽，良弓藏；狡兔死，走狗烹；敌国破，谋臣亡"，几乎成为功臣们宿命的怪圈，永远挣不脱的梦魇。田忌和孙膑也陷入了这种悲剧的命运。

虽然孙膑为齐国立下了汗马功劳，威

名迅速传遍天下，但像历朝历代的功臣们一样，他在政治上并不得志。

原来，马陵之战前后，齐国上层统治者内部矛盾不断激化。尤其是作为文臣领袖的丞相邹忌与军界的代表人物将军田忌二人，更是水火不容。这种矛盾，集中于两个方面。在政治上，邹忌有着自己的政治理念，他一向主张专心治理内政，发展经济，而反对对外用兵。田忌和孙膑则根据当时列强兼并的严峻现实，主张"战胜而强立"，即通过东征西讨，扫除齐国称霸天下的障碍，改变齐国的战略环境，并最终实现齐国一统天下的太平局面；军事方面，对于关系齐国命运的桂陵之战和马陵之战，邹忌均持反对态度。

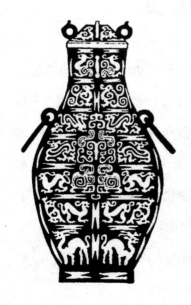

邹忌本来想借刀杀人，不料田忌、孙膑指挥齐军大胜而归。马陵之战，齐军取得了决定性胜利，孙膑"以此名扬天下"，田忌威震四方。邹忌的阴谋未能得

逞。一计不成，公孙阅又向邹忌献上一招
更阴毒的计策：采取政治陷害手段。公孙
阅得到邹忌的首肯后，指使自己的亲信，
冒充是田忌的手下手持十两黄金，到闹
市区占卜，让占卜者算一算田忌发动政变
能否成功。算命一结束，邹忌就命人把占
卜者捕获，送到齐威王面前，诬告田忌要
造反。也许是田忌功高震主；也许是马陵
大捷后，各国归附，齐威王已实现了称霸
中原的梦想，也就不再需要老将军了；或
者是因为齐威王年老多病，脑子不太清
醒。总之，他居然相信邹忌的诬告之辞，
立即派人前往军中宣布命令，解除了田忌
的兵权。

田忌刚回到国内，就被解除了兵权，
这时他才知道有冤难申，有家难归。无奈
之中，田忌不得不率领少数亲信，夺路而
走，越过齐国边境，逃到南方的楚国去避
难。

田忌受到邹忌的政治陷害被迫流亡

楚国后，跟随田忌多年、与田忌关系密切的孙膑，从此也在政治舞台上消失了。

有人猜测，既然孙膑预见到邹忌的阴谋，很可能在马陵大捷后拒受齐威王的封赏，并主动辞去军师职务，从而摆脱政治纠纷，过起了隐居生活。也就是说，孙膑仍然在齐国，只不过飘然隐居了。

不过，大多数学者认为，尽管史书上均未记载，但从各方面情况分析，孙膑极有可能与田忌一起到了楚国，过起了流亡生活。如杨伯峻先生在《孙膑传补》中就指出：由于孙膑和田忌屡次在战争中取得胜利，遭到齐国大臣邹忌的嫉妒。邹忌搞了个阴谋诡计，使齐威王怀疑田忌。在此以前，孙膑的同窗庞涓就曾以阴谋诡计而使孙膑在魏国被挖去了膝盖骨。由于这一教训，孙膑对阴谋诡计是有警惕性的。于是他劝告田忌以武力赶走邹忌，田忌不听，结果只有逃亡，接受楚国的封地。孙膑可能也跟随其逃到楚国，因此，东汉学者王符等人会误认为他为楚国人。

田忌对孙膑有知遇之恩，两人是亦师亦友的关系，并在桂陵和马陵之战中共立战功。以孙膑的聪明，自然会想到邹忌容不下自己，也不会放过自己。他非常了解邹忌，此人面善心狠、气量狭小。既然田忌被迫出逃，自己作为田忌的主要助手和军师，也绝不可能再回到齐国去，田忌待自己如兄弟，邹忌自然视自己为眼中钉。官场凶险，自己已经受过庞涓的陷害，现在又何必自取其辱、自投罗网。他想起了先祖孙武的"进不求名，退不避

罪"。战争胜利了，自己也对得起祖国齐国，今后自己要像春秋时的高人范蠡一样，急流勇退，飘然归隐，做一个真正能屈能伸的大丈夫。

（二）兵书传世

这时候，孙膑已经参透了人生。所谓功名利禄，均是身外之物，虽然齐威王不可能再重用自己，虽然命运对自己不公平，但自己的才学智慧还是自有其价值的，自己可以靠智慧"为万世师"。

况且，自己早就有一个愿望，那就是静下心来著述兵书，把自己对兵学的思考总结一下，像自己的先祖孙武那样，著书立说，以教万世。于是，随田忌流亡在楚国的日子里，孙膑利用这难得的空闲，集中精力总结、研究早年所学的兵法知识和自己的作战经验，并满腔热情地教授弟子。研究兵法与教授弟子成为他晚年最为执著的事业。

孙膑在军事理论研究方面给后世留下了一部千古绝唱——《孙膑兵法》，此书汉代仍有流传，称为《齐孙子》，以别于其先祖孙武的著作。可惜不知什么原因，这部兵法在东汉时就失传了，后人不知真相，还以为孙膑就是孙武，孙膑的兵法就是《孙子兵法》。这种张冠李戴的情况一直延续了上千年之久。

古往今来，论兵者莫不首推孙武，尊其为"兵圣"，其所著《孙子兵法》更有"百世兵经""兵学鼻祖"的美誉。至

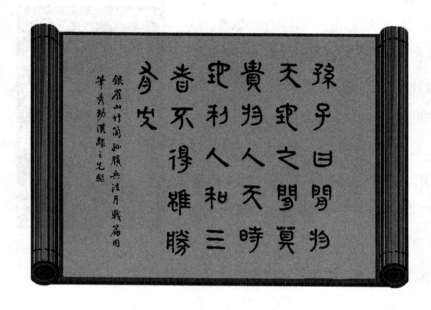

于他的后人孙膑的《孙膑兵法》，因失传过久，影响远远不及前者，在银雀山汉墓竹简出土之前，甚至还有人怀疑《孙膑兵法》的存在。

其实，《孙膑兵法》不仅具有独特的价值，而且无论是在广度还是在深度上，对《孙子兵法》都有极大的丰富和发展。可以说，在中国军事思想史上，二者前后相继、相映成辉。也就是说，孙膑和孙武

之间,《孙膑兵法》和《孙子兵法》之间,
自古以来就存在着一种极为特殊的内在
联系。

　　遗憾的是,对《孙子兵法》的定型与
传播做出如此重大贡献的孙膑,自己的
兵学著作《孙膑兵法》却因种种原因在
东汉以后就失传了。但人们并没有遗忘
这位兵学大师。一方面,人们不断地考
证和争论这部失传了的兵学经典,将其
提出的一些兵学范畴作为重要命题加以

探讨，并以其提出的用兵原则指导战争实践。另一方面，历代名将从孙膑"围魏救赵""减灶诱敌"的战争实践中学到了无穷的智慧。中国军事史上许多脍炙人口的以弱胜强、出奇制胜的战例，其中不少就活用或暗用了孙膑的思想。

"围魏救赵"的战法还被后人收入《三十六计》之中，作为"胜战计"的第二计成为人们效法的典范。

　　1972年山东银雀山汉墓竹简出土后，学术界对孙膑和《孙膑兵法》的研究又掀起了一个高潮。军事、外交、政治、经济等领域的学者，不断从各个角度对《孙膑兵法》的精神内涵进行开掘，从中汲取营养。《孙膑兵法》还走出了国门，受到各国军事理论界的重视。孙膑与孙武被人们尊为"兵圣两孙子"而誉满中外。孙庞斗智的故事也在民间广为流传，孙膑成了智慧的化身。